Elli Michler

Das Glück, diese goldene Kugel...

topos taschenbücher, Band 1095
Eine Produktion des Don Bosco Verlages

Elli Michler

Das Glück, diese goldene Kugel…

Gedichte und Gedanken

topos taschenbücher

Verlagsgemeinschaft topos plus
Butzon & Bercker, Kevelaer
Don Bosco, München
Echter, Würzburg
Matthias Grünewald Verlag, Ostfildern
Paulusverlag, Freiburg (Schweiz)
Verlag Friedrich Pustet, Regensburg
Tyrolia, Innsbruck

Eine Initiative der
Verlagsgruppe engagement

www.topos-taschenbuecher.de

Bibliografische Information der Deutschen Nationalbibliothek
Die Deutsche Nationalbibliothek verzeichnet diese Publikation in der Deutschen Nationalbibliografie; detaillierte bibliografische Daten sind im Internet über http://dnb.d-nb.de abrufbar.

ISBN 978-3-8367-1095-4

Umschlagabbildung: Ezhewika/shutterstock.com
Einband- und Reihengestaltung: Finken & Bumiller, Stuttgart
Satz: Don Bosco Medien, München
Herstellung: Friedrich Pustet, Regensburg
Printed in Germany

Inhalt

Einklang mit sich selbst

Bekenntnis zum Leben in unserer Welt

Wunder der Schöpfung

Das Glück, diese goldene Kugel...

Was ist Glück ?

Sobald der Mensch über das Alter hinaus ist, in dem ihm in dieser Frage noch Verwechslungen passieren, beginnt er in zunehmendem Maße zu begreifen, dass Glück nichts anderes ist als Daseinserfüllung. Auch wenn wir es mit anderen Namen benennen, so ist das, wonach wir uns sehnen, doch immer das gleiche, allumfassende Lebensgefühl, mit sich selbst, mit Gott und der Welt einig zu sein, frei zu sein von allen Ängsten, sich geborgen zu wissen am jenseitigen Ufer unserer Wünsche.

Ich glaube also, dass es weniger um die Frage geht, was Glück ist, sondern wie wir es erreichen können. Mit der Binsenweisheit, dass das Glück um so weniger errungen werde, je mehr man danach jage, ist uns aber nicht gedient. Denn wer daraus den Schluss zieht, er könne getrost hinter dem Ofen sitzen bleiben, das Glück werde ihm schon eines Tages in den Schoß fallen, der wird zuletzt genau so bitter enttäuscht sein wie der Ungeduldige, der nach ihm jagt.

Durch ein Gleichnis kommen wir der Antwort vielleicht etwas näher:

Darin ist das Glück eine wunderschöne Blume, farbenprächtig und verlockend. Diese Blume zu züchten, ist des Gärtners ganzes Streben. Aber wie er sich auch bemüht, es will ihm nicht gelingen. Dabei ist er so sehr von seinem Ehrgeiz besessen, dass er seinen übrigen Garten völlig vergisst. Alles verdorrt und verdirbt. Und so bleibt ihm am Ende nichts.

Schließlich besinnt er sich seiner ihm anvertrauten Aufgaben. Und bald zeigt sich: es wird eine gute Ernte geben. Reichen Segen wird er unter die Menschen verteilen können. Dieser wiederum wird zu ihm zurückfließen. Wohlgefällig betrachtet er sein Werk: Kohlköpfe nur, aber sie gedeihen prächtig.

Und siehe da: mitten unter ihnen, ganz ungewollt, treibt sie auf einmal ihre Blüte, die wunderschöne Blume Glück !

Wir sehen also, dass uns Glück nur auf indirektem Wege zuteil wird. Als Zugabe, als Geschenk, als Abfallprodukt. Man kann auch sagen als Gnade. In unserer Ich-Bezogenheit können wir es uns niemals erkämpfen oder ertrotzen. Es wird uns erst begegnen, wenn es uns gar nicht mehr um uns selbst geht, sondern wenn wir zur Hingebung fähig sind. An eine Aufgabe, an ein Werk oder an einen Menschen. Das heißt: wenn wir fähig sind, unser Schicksal anzunehmen.

Indem wir den Sinn unseres Lebens finden,
finden wir das Glück.

Elli Michler 1975

[...] Heute, in meinem schon recht fortgeschrittenen Alter, kommt mir manchmal der Gedanke, was ich wohl antworten würde, wenn mir eine andere, ähnlich wichtige Frage gestellt werden würde: „Was ist Glück?“

Ich denke, ich würde in meinem Tagebuch blättern,
den Gezeiten des Glücks nachspüren,
die Farben des Glücks wahrnehmen und
für die schillernden Momente des Glücks
innige Dankbarkeit empfinden.
Und dann würde ich antworten:

Glück ist das tiefe Erlebnis
des Einbezogenseins in das Schöpfungswunder;
sei es beim Empfinden einzelner Glücksmomente oder als
Erfahrung eines in seiner Gesamtheit geglückten Lebens.

Und dann würde ich vielleicht noch meinen Lieblingsschriftsteller Peter Paal zitieren:

„Offensein und sich ergreifen lassen,
heißt die Zauberformel des Lebens“.

(Paal, P.: Die wunderbare Kraft der Gedanken, Loeper Verlag, Karlsruhe 1983)

Elli Michler 2008

Über das Glück

Wichtig ist weniger, dass du es hast,
als vielmehr, dass du es dann,
wenn es dir blüht,
auch als solches erkennst!

Elli Michler

MOMENTE DES GLÜCKS

Ich wünsche dir Offenheit

Ich wünsche dir offene Augen,
in denen der Himmel sich spiegeln kann.
Nur wenn sie zur Offenheit taugen,
ziehn sie ein anderes Augenpaar an.

Ich wünsche dir offene Ohren,
zu lauschen dem Wort, dem Gesang.
Als Hörender bist du erkoren,
Glück zu erfahren durch Klang.

Ich wünsche dir offene Arme,
in denen sich Freundschaft beweist,
und dass dein Verstand nicht verarme,
auch einen aufgeschlossenen Geist.

Ich wünsche dir offene Sinne,
es öffne dein Herz sich ganz weit
wie einst bei den Sängern der Minne,
die Laute zum Klingen bereit.

Sich öffnen, das mag dazu führen,
dem andern entgegenzugehn.
Dann wird vor verschlossenen Türen
kein Mensch mehr als Fremder stehn.

Mit einem Bild vom Meer

Die Muschel rauscht noch,
die in meiner Seele ruht,
vom Sommer her.
Und tief in seiner Farben Glut
erglänzt es noch: das Bild vom Meer.
Im grünen Grau wogt hin die Flut,
im hellen Blau, das silbern quillt,
wenn es den Schaum ans Ufer spült,
im Weiß der Möwenflügel,
im Rot der Sonne, die im Westen steht.
Ein sanftes Gold umspielt die Hügel
der Wellenberge,
vom Wind, der stolz im Sattel steht,
zu Tal geführt mit festem Zügel.
Ein fahles Gelb
jenseits von Flut und Gischt,
dort, wo die Spur im Sand verweht,
hat Gott den Farben beigemischt
für den, der es versteht.

Kostbare Stunde

Wir trafen uns im Park. Von den Wiesen leuchtete das üppige Grün, und die Sträucher streckten uns ihre blühenden Zweige entgegen. Hoch ragten die alten Bäume zu beiden Seiten der Allee in den blauen Himmel hinein. Die schönsten Bänke waren noch frei. Auf einer von ihnen ließen wir uns nieder, behutsam darauf bedacht, die Blaumeise nicht zu stören, die zutraulich um uns herumhüpfte. Ringsum herrschte die wunderbare Stille des Mittags. Gelöst hielten wir unsere Gesichter der Sonne entgegen. Es bedurfte keiner Worte. Dies war die Stunde des Glücks.
Die Verabredung für den nächsten Tag sollte uns den Abschied erleichtern: zur gleichen Zeit am gleichen Ort.

Als wir uns zur gewohnten Stunde entgegenkamen, waren gerade die ersten Wolken am Himmel aufgezogen. Über die Wiesen ratterte der Rasenmäher. Unsere Bank war besetzt. Und eine laut schwatzende Touristengruppe nahm ihren Weg durch die Allee. Wir sprachen über dies und jenes, schlenderten hierhin und dorthin, aber die Stimmung vom vorigen Tag wollte nicht mehr aufkommen. Und als wir uns trennten, hatten wir eine wichtige Erfahrung gemacht:
Die Stunde des Glücks ist nicht wiederholbar.

Ein Weg,

auch wenn er dich Blumen finden ließ,
seltsame Wurzeln
und wunderschöne Steine,
bringt dem Erlebnis deines Wanderns
eine ganz neue Dimension,
wenn er dir die Begegnung
mit einem Menschen
gebracht hat.

Der Anfang einer Liebe

Der Anfang einer Liebe
gleicht der Geburt eines Wunders.
Es ist das bis dahin unvorstellbare,
von höchsten Hoffnungen erfüllte,
uns aus den Angeln reißende,
herrliche und nie wiederholbare,
Herz und Verstand überflutende,
uns stürmisch bedrängende
und dennoch uns leise
und zärtlich berührende
Geschehnis in unserem Innern.

Ich wünsche dir einen guten Morgen

Ich wünsche dir einen guten Morgen
und winke dir zu mit der Hand.
In der Dämmerung halb noch verborgen
erringt sich der Tag seinen Stand.

Die angstvollen Träume, durchdrungen
von nächtlicher Einsamkeit,
im Morgenwind sind sie verklungen.
Der Tag trägt sein leuchtendes Kleid.

Die Hoffnung erhebt ihre Schwingen,
fliegt hoch zu den Himmeln hinauf.
Ich wünsche dir Lust, um zu singen
vor Freude: Die Sonne geht auf!

Ich wünsch' dir eine gute Nacht

Ich wünsch' dir eine gute Nacht,
um den lärmenden Tag zu besiegen
und dich, vom Engel bewacht,
in erholsamen Schlummer zu wiegen.

Ich wünsch' dir, dass all deine Träume vom Schönen,
die dich am Tag oft verlassen,
dich zärtlich auf ihre Schwingen nehmen
und in deinen Nächten niemals verblassen.

Ich wünsche dir bis zum dämmernden Morgen,
bevor dir die Sonne entgegenlacht,
jenseits der drückenden Alltagssorgen
einen leuchtenden Stern, der im Dunkel der Nacht
deinen Mut zum Gelingen des Tages entfacht!

Die kleinen Glücks-Momente

Nicht immer ist das Glück ein großes, sichtbar leuchtendes
Zeichen des Segens von oben.

Manchmal ist es auch nur ein kleines, in aller Bescheidenheit
schimmerndes Lichtlein
der Beglückung durch unerwartetes menschliches Verhalten.

Beim Empfang eines Briefes

Nur ein Stückchen Papier –
aber welch ein Gefühl von Glück,
Beschenkt-Sein und Trost,
Wiedergeburt des verlorenen Mutes,
Angenommensein und dankbarer Freude
können ein paar wenige Zeilen bedeuten!.

Mit einem Lorbeerblatt

Ich sende dir ein Lorbeerblatt
mit einem Gruß von mir aus Rom.
Ich brach es verbotenerweise ab
jenseits vom Petersdom.
Es steht in keinem Führer notiert,
das kleine Lorbeerblatt.
Doch als ich es in meinen Fingern gespürt,
da ist etwas Seltsames mit mir passiert.
Bei keiner Führung fand es noch statt:
Ich wurde vom Geist der Antike berührt.
Ich grüße dich aus der Ewigen Stadt.

An meine Bücher im Schrank

Nun habt ihr eure liebe Not
mit den Erfindungen
des Geistes der Moderne.
Und trotzdem seid ihr noch
mein täglich Brot
so wie des Nachts
das mir so lieb gewordne
Licht der Sterne.
Ihr seid viel mehr
als nur die Zierde
für den Bücherschrank.
Euch, meines Geistes
ständige Begierde,
sag ich von Herzen Dank!

Glückskäfer

Ich wollte dir etwas Lebendiges bringen.
Habe mich bloß nicht so richtig getraut.
Denn ein Fisch ist zu stumm
und ein Pinscher zu laut
und was Größeres wäre schlecht unterzubringen.

Auch ein Igel., der sticht,
hätte wohl wenig genützt.
Und einen Vogel
kann ich nun einmal nicht singen hören,
wenn er im Käfig sitzt.

Auch eine Dackeldame hab ich gekrault,
doch sie war leider nicht stubenrein.
Darüber hättest du sicher gemault.
So ließ ich es doch lieber sein
und wollte mir fast diese ganze verrückte Idee
schon aus dem Kopfe schlagen.

Da sah ich plötzlich in meiner Näh',
genauer gesagt auf dem Mantelkragen,
diesen kleinen geflügelten Kobold sitzen.
Nun sieh ihn dir an, meinen Glücksüberbringer!
Ich will ihn ganz sanft übertragen auf deinen Zeigefinger.
Du musst diesen Augenblick nützen,
denn er bringt dir ja Glück.
Ganz ohne Käfig und ganz ohne Zwinger
bleibt es bei dir, solange es will.
Genieße es leise und halte fein still,
denn bald schon wird es dir wieder entflitzen.
Doch den Landeplatz auf deinem Zeigefinger
halte immer bereit für ein neues Glück!

Der Clown

Wo tiefer Ernst und Seelenschwere
der Heiterkeit den Weg verstellt,
da zieht der Clown daraus die Lehre
und träumt sich eine bessre Welt
aus Unsinn und aus Lustigkeit,
tut dumm und ist doch sehr gescheit.
Er wirft euch Küsse zu
mit seinem rot geschminkten Mund,
und wer sie auffängt, wird alsbald gesund.
Er winkt und lädt euch herzlich ein:
„Kommt her mit euren Lasten,
die euch bedrücken, groß und klein!"
In seinen Geigenkasten
sperrt er sie alle ein.

Dann spielt er euch ein kleines Lied,
ihr dürft's ihm nicht verwehren,
er will euch doch nur lachen lehren,
was immer auch geschieht.

Er kann es ganz und gar nicht leiden,
wenn ihr so traurige Gesichter macht,
er sucht den Trübsinn zu vermeiden
und müht sich ab,
damit ihr endlich wieder lacht.

In seinen bunt karierten Sachen
könnt ihr ihn stolpernd tanzen sehn.
Dann dürft ihr recht von Herzen lachen,
der Mensch muss auch mal Spaß verstehn.
Wer lacht, ist frei und unbeschwert.
Na, ist der Clown nicht Goldes wert?

Wundertüte

Ich schenke dir eine Wundertüte.
Dass du mich auslachen würdest,
war mir ja klar.
Doch ich hing eben wieder –
du meine Güte! –
an dem, was mein Kindertraum war.

Könnt' ich doch einmal so klug
wie die anderen sein!
Die lassen sich niemals
auf so etwas ein
und pfeifen auf diesen ganzen Plunder.
Nur ich – ich glaube immer wieder
an Wunder!

Zwetschgenkuchen

Frisch gebacken aus dem Ofen,
säuberlich vom Kern befreit,
Gegenstand für viele Strophen
Loblied auf die Zwetschgenzeit.

Rötlich aus den flachen Gruben
quillt der Saft noch warm im Teig
auf dem Tisch in Bauernstuben,
im Café am Bürgersteig.

Auf dem heißen Blech geschnitten,
reichlich Zucker draufgestreut,
Sahnehäubchen in der Mitten,
Gipfel aller Köstlichkeit!

Seht, so duften uns die Tage
im September süß und schwer.
Zwetschgenkuchen? Wespenplage!
Wie setzt man sich ihr zur Wehr?

Zwetschgen samt den Wohlgerüchen!
Der Genuss wird uns vergällt.
So bleibt alles ausgeglichen:
Glück und Unglück auf der Welt.

Erinnerung an die Kindheit

Hast du im Herbst in jungen Jahren
nicht auch mal dieses Glück erfahren:
Du strolchtest fröhlich zwischen Wind und Wettern
durch einen aufgetürmten Berg von Blättern,
dass alles, was einst oben hing,
sich jetzt in deinem Schuh verfing:
im Rascheln, Rauschen, Rieseln, Knistern
und einem herbstlich mysteriösen Flüstern
erst nochmals hoch und dann zu Boden ging?
Du schwingst das Bein und hebst den Fuß:
Den Kinderjahren frohen Gruß!

Unverhofftes Geschenk

Einen ganzen Korb
voll bunter Blätter
brachte nach dem letzten Sturm
der Wind.
Und ich schimpfte nicht mehr
auf das Wetter,
dachte nur: Wie schön sie sind,
diese goldnen, braunen, roten –
und ich freute mich,
dass mir dieser schlimme Wind
solch ein Herbstgeschenk
hat dargeboten.

Laternen-Zug

Lasst uns von den Kindern lernen:
sie wissen noch nichts
von des baldigen Herbstes Bangigkeit.
Sie geben mit farbigen Monden und Sternen
dem Sommer ein fröhliches Abschieds-Geleit.

Seht, wie mit heiteren Märchen-Gestalten
die emsigen Zwerge als Hüter des Lichts
mit kindlichem Ernst ihres Amtes walten
und ihre Laternen, die leichten Gewichts
schaukelnd an Stöcken und Drähten schwingen,
als stolzen Besitz in den Händen halten,
während aus zarten, noch zaghaften Mündern
die Lieder zum Lob der Laterne erklingen.

Seht, wie sie eifrig das flackernde Licht,
das kostbare, zwischen den offenen Ritzen
vor dem Zugriff des Windes sorgsam beschützen:
die einen recht mutig und fast schon verwegen,
die andern noch schüchtern und etwas verlegen!
So ziehen sie fröhlich dem Dunkel entgegen
und fürchten sich nicht.

Im Urlaub

Ja, wenn wir doch noch Kinder wären!
So hörte ich zwei alte Tanten
sagen, die neben mir
vor einem Spielzeugladen standen
und äugelten mit Teddybären
und Puppen, welche käuflich waren.
Das Kindsein schien für sie
ein abgeschlossner Fall,
weit weg im fernen Dazumal,
verbannt auf ewig
von schon viel zu vielen Jahren.
Und ich –
ich ging mit meinen grauen Haaren
ganz forsch hinein
und kaufte mutig einen Ball.
Ich warf ihn hoch, er sprang zurück.
Und plötzlich war mir widerfahren
ein längst nicht mehr gekanntes
großes Glück.

Beim Drachenfliegen

Kinder, lasst die Drachen fliegen
weithin übers Haus!
Trübsinn soll uns nicht besiegen,
lachen wir ihn einfach aus!

Wenn die Tage kürzer werden
und uns fehlt das Sonnenlicht,
bringt das mancherlei Beschwerden,
doch die Tapferen stört das nicht,

lassen die Gedanken fliegen
in den Sommer gern zurück.
Dort wird die Erinnerung siegen
an die Wärme, an das Glück.

Bedeutender Unterschied

Das kleine Glück ist vielleicht jenes,
das sich mit einem einfachen „Hallo!“ begrüßen lässt.

Man erfährt es zum Beispiel in der überraschenden Begegnung mit einem schon lange nicht mehr gesehenen Freund oder einer Freundin. Auch der Genuss einer Tüte Himbeereis an einem heißen Sommer¬nachmittag kann schon ein kleines Glück bedeuten.

Das größere und tiefere Glück dagegen zeigt sich oft ganz leise, lässt uns staunen oder macht uns gar sprachlos.

Man findet es vielleicht im Garten hinter dem Haus
im tiefen Glücks-Erlebnis der Begegnung mit der Natur, manchmal bei der Entdeckung des ersten Schneeglöckchens als ermutigendes Zeichen der baldigen Ankunft des Frühlings. Oder drinnen im Haus bei der Übereinstimmung mit einem Menschen, dessen Nähe Geborgenheit schenkt.

Ein erfrischender Kopfsprung ins schäumende Nass eines Schwimmbads als Urlaubserlebnis mag sicherlich eine helle Freude bedeuten.
Aber wenn ein Wanderer, der sich eine große Tour vorgenommen hat, am Ende müde und erschöpft, schon halb verdurstet und mit letzter Kraft doch noch den Brunnen erreicht, an den er seinen Becher halten darf, wobei er voll Dankbarkeit erst kurz die Augen schließt:
Das ist das tiefe Erlebnis von Glück.

Stille Stunde am Meer

Vielleicht wird sie uns in Erinnerung bleiben,
diese Abendstille am Meer,
die uns behutsam befiehlt, in den Wind zu schreiben,
was uns bedrückt macht und schwer.

Vielleicht wird sie uns in Erinnerung bleiben,
diese endlose Weite am Strand,
die unser Auge sich einzuverleiben
vergeblich bemüht ist, den Blick weit gespannt.

Vielleicht wird sie uns in Erinnerung bleiben,
die kleine Brise, das flüsternde Raunen
dieser uns leise entschwebenden Stunde am Meer,
die uns das Stillesein lehrt und das Staunen
über das Leuchten vom Wasser her.

EINKLANG MIT SICH SELBST

Ich wünsche dir in der großen und hektischen Welt ...

Ich wünsche dir in der großen und hektischen Welt,
in der es nur geht nach dem äußeren Scheine,
eine heil gebliebene kleine,
die deine Seele am Leben erhält,

einen eigenen stillen Bereich
voller Wärme und Licht
als Refugium und heimliches Reich,
das deinem innersten Wesen entspricht,

in dem du dich frei fühlst
und trotzdem geborgen,
von heitren Gedanken friedvoll umgeben,
wo es erlaubt ist, im Heute zu leben
und dennoch zu träumen von morgen.

Es gibt keine bessere Medizin

als den Umgang mit Menschen,
die eine heitere Gelassenheit
auszustrahlen vermögen.
Von ihrem ganzen Wesen geht in das unsrige
ein wohltuender Strom
von Geborgenheit über,
der unsere eigene innere Sicherheit erhöht
und unser Herz stark macht
für waghalsige und übermütige
Gedanken und Empfindungen.

Über die Bewältigung der Angst

Die Angst, die uns im Traum beschwert,
sucht tief aus uns emporzusteigen.
Bevor sie uns noch ganz verzehrt:
Was bringt die Angst in uns zum Schweigen?

Das Zweifeln an der Freundschaft starkem Band
und das Zur-eignen-Ohnmacht-sich-Bekennen
schwächt nur den Geist und lähmt die Hand.
Es wird uns von der Angst nicht trennen.

Im Wohlstand sich von Gott entfernen
und leben in den Tag hinein,
in Not dann plötzlich beten lernen,
das wird uns nicht von Angst befrein.

Viel eher würde es uns nützen,
am rechten Ort zur rechten Zeit
Verstand, den wir doch meinen zu besitzen,
und auch ein Herz voll Festigkeit

in unser Denken einzubringen,
damit es wohlgewappnet sei,
um zu begegnen auch den schlimmen Dingen.
So halten wir von Angst uns frei,
indem wir sie von innen her bezwingen –
und bleiben doch uns selber treu.

Aus positiver Sicht

Ich male mir auf die Tapete
viel schöne Bilder in der Phantasie:
den Mond, den Stern, die Morgenröte –
den grauen Nebel mal' ich nie.

Und wenn ihr glaubt, dass ich nicht sähe
die dunklen Tage voll Verzicht:
Ich kenne sie aus nächster Nähe.
Die Hoffnung kommt von ihnen nicht.

Doch was ich male, mir zur Freude,
dringt tief in die Gedanken ein.
So schlimm kann dann ein dunkles Heute
in Wirklichkeit gar nicht mehr sein.

Wolkenzug

Könnt' ich mit den Wolken reisen
heimlich fort bei günstgem Wind,
wollt' ich die Gefährten preisen,
Wandernde, mir gleich gesinnt.

Sie, die keine Fragen stellen,
werden auch kein Ziel mir weisen,
meine Freunde, als Gesellen
mich nur still willkommen heißen,

mich nicht lieben und nicht hassen,
mich nur einfach treiben lassen,
nichts begehrend, freien Stücks
in der reinen Luft des Glücks.

Im Abendlicht

Zur Stunde, die der Dämmerung erlaubt,
mit sanftem Schattenspiel
sich Turm und Dächern anzuschmiegen,
bedarf es in den Straßen keiner Eile mehr.
Und alle Tag-Gedanken wiegen
auf einmal nicht mehr schwer.

Dass bald die Nacht das Licht verdrängt
und dass der Vogel nicht mehr singt,
darf dich nicht traurig stimmen.
Sieh dir den Mond an, dem's gelingt,
durchs Wolkenloch hindurchzuschwimmen.

Das Unruhvolle lass getrost beiseite
und schließe Frieden
mit dir selber vor der Nacht.
Es darf dein Schiff mit seiner schweren Fracht
im stillen Hafen wohlgeborgen liegen.
Bis morgen früh bleibt alles Laute leise.

Siebenfältiger Himmel

Mit allen Himmeln will ich leben,
die von Natur aus mich umgeben:
Dem Himmel aus Fetzen von weißer Watte,
dem Wolkenschiff gleichend, der stolzen Fregatte,
dem Himmel mit Schleiern aus farbigem Dunst,
mit göttlichem Pinsel verwirklichter Kunst,
dem Himmel als Zelt und als schützendes Dach,
wenn der Mensch zum Ertragen der Plagen zu schwach,
dem Himmel für Schwalben, für irdische Wesen,
dem herrlichen Himmel zum Wiedergenesen,
dem Abendhimmel mit rötlichem Schein,
dem Himmel zum Träumen ins Blaue hinein:
dem Himmel, der nie von der Erde wich –
mit all diesen Himmeln lebe ich.

Umkehr

Auf einmal steht
die Hoffnung wie ein Baum,
vom Mut bestärkt
und plötzlich wieder kühn,
in der Verzweiflung dunklem Raum,
fängt an zu grünen und zu blühn.
Du bist zum Leben neu bereit.
Dein Engel spricht von einem bösen Traum.
Er hat die Hoffnungslosigkeit
dir weise lächelnd längst verziehn.

Ich wünsche dir für deinen Lebensbaum …

Ich wünsche dir für deinen Lebensbaum
zwischen Himmel und Erde den nötigen Raum,
so dass er im Frühling – als käm's über Nacht –
in jedem Jahr wieder zum Blühen erwacht,
und wenn sich die Welt für ihn sommerlich weitet,
dass er dann kraftvoll die Äste ausbreitet,
dass in den Zweigen die Vögel singen,
dass er es schafft, reife Früchte zu bringen –
und wenn der Herbst ihm die Blätter verweht,
dass er dann immer noch aufrecht steht
und die Säfte den Stamm noch durchdringen.

Unter den Brücken

Einst sollten Veilchen
die Lieblingsblumen werden
für alle Zeiten meines Lebens.
Doch selbst die Bescheidenheit
ist dem Menschen nur eine Weile erlaubt.
Mit zunehmenden Jahren gebietet der Stolz,
den Umgang mit Rosen zu pflegen.
Und die Dornen umfangen das Herz
wie der Duft und die Schönheit der Blüten.

Doch auch diese Zeit ist nicht für die Dauer.
Den Wandel bewirken wie immer die Wolken.
Der Weg aus welkenden Gärten
führt nun zurück
auf den verloren geglaubten Spuren
des flüchtig empfangenen ersten Kusses,
und ich finde mich wieder
am Ufer des Flusses unter den Brücken
und beuge in heimlicher Freude mich nieder –
wie damals beim Veilchen-Pflücken.

Geschenk mit bitterem Nachgeschmack

Man schenkte mir das Wörtchen „noch“,
verband es mit den vielen Jahren,
die man mir wünschte,
als ich sechzig wurde.
Als ob sie sich’s nicht hätten sparen
können, das kleine Wort!
Es schmerzte doch.

Glücklich am Ziel

Der Zug meines Lebens
blieb treu in der Spur
und hatte von allem Anfang an nur
seine vorgegebene Richtung genommen.
Zuerst wusste ich nicht:
Warum trägt er mich fort?
Aber jetzt, da ich weiß,
ich bin angekommen
an meinem ureignen Bestimmungsort,
setz' ich den Fuß in ein lichtes Gefilde
und möchte nun nie mehr zurück,
nachdem mir die Liebe das Rätsel enthüllte,
wie Dasein verklärt wird durch Glück.

Chrysanthemen

Ich werde dir einen Boten senden
mit Chrysanthemen für dich.
Sprich nicht vom Verschwenden!
Und entschuldige mich,
denn ich komme heute nicht nach Haus.

Hoffentlich hasst du diesen protzigen Strauß
nicht genauso wie ich!
Vielleicht tröstet es dich:
Wir haben's geschafft.
Ich bin wohlbestallt
und ich kann dir sogar
Chrysanthemen schenken.

Und doch muss ich manchmal
an damals denken,
als ich für Glück
keinen Pfennig bezahlt.
Ich seh dich noch lachend
das Sträußchen schwenken,
als wir die Blumen einst pflückten
im Wald.

Gewissheit

Seit ich weiß,
ich gehöre zu dir,
sind die Rosen nicht mehr aus Papier,
ist das Glück nicht mehr Glas,
wächst aus Steinen selbst Gras,
sind die Zweifel zerstreut,
kümmert's mich keinen Deut,
was des Tages Begier,
wird die Pflicht mir zur Kür,
sing ich Gott Lob und Preis,
seit ich weiß:
Du und ich,
das sind WIR.

Abgewiesenes Geschenk

Ich wollte dir etwas zueignen,
was von Wichtigkeit war.
Aber du ließest dich leider verleugnen.
Das war damals im Januar.

Im Mai hast du dann eingesehn,
dass du es hättest annehmen sollen.
Und wolltest es suchen gehn.
Doch es blieb unauffindbar, verschollen.

Es ist dir entflohn,
was es auch immer gewesen ist.
Und ich glaube schon,
dass du es sehr vermisst.
Vielleicht hättest du's heute
Glück genannt,
was du damals eben leider
noch nicht erkannt.

Ich wünsche dir, dass du dein Glück erkennst

Ich wünsche dir, dass du dein Glück erkennst,
auch wenn du es selber vielleicht
mit einem ganz anderen Namen benennst
oder am Anfang noch gar nicht
als solches empfindest,
bis du es später in Wahrheit ergründest.

Geh auf die Suche mit innerer Ruh,
stets gradeaus und nur immer drauf zu!
Kehre nur niemals entmutigt zurück,
selbst wenn du die Nase dir einmal beschädigst.
Manches Mal stolpert man auch in sein Glück.

Ich wünsche dir für deine dunklen Stunden ...

Ich wünsche dir für deine dunklen Stunden,
wenn du enttäuscht bist und allein
mit den dir zugefügten Wunden,
nicht nur Geduld und Sanftmütigsein.
Bevor dich verlässt aller Lebensmut,
wünsch' ich dir erst eine ehrliche Wut.
Positiv denken mag schön sein und gut,
doch hilft es nicht viel,
wenn man stets bloß so tut,
als gäb' es im Leben nur heitere Stunden
und nicht auch die Angst und die Seelenpein.
Über Sorgen und Nöte,
die schmerzlich empfunden,
tröstet nicht immer der Sonnenschein.
Du musst mitten hindurch.
Und das kostet dich Kraft.
Ich glaube es kaum, dass ein Liedchen,
ein Blümchen, ein Lächeln das schafft.
Eine ehrliche Wut, ein heiliger Zorn
erfrischt wie ein Sommergewitter.
Hinterher blickst du dann wieder nach vorn –
und das Leben schmeckt nicht mehr so bitter.

Hingebung

Lieber Gott, ich danke dir
für die Stunde am Klavier,
für den Nachmittag mit meiner Flöte.
Die Musik verscheucht in mir
alle meine Nöte.
Bin dann ganz mit dir allein
in dem Zauberreich der Töne,
lass' sonst nichts zu mir herein. –
Wenn ich so den Tag mir kröne,
lässt du, Herr, mich glücklich sein.

Lob der Kreativität

Der Funke, den man göttlich nennt,
verlangt in dir zu brennen,
entwickelst du nur dein Talent
und dein geheimes Können.

Ob du malst oder schreibst oder werkst mit dem Ton
oder ziehst auf dem Rosenbeete
eine außergewöhnliche Kreation,
ob du schöpferisch handhabst die Küchengeräte,

ob du ritzt oder schnitzt oder häkelst und strickst,
den Papierdrachen baust und ihn schenkst deinem Sohn,
ob du fotografierst und mit Leidenschaft klickst,
wenn die Farben dich locken von Tulpen und Mohn,

ob du singst, deklamierst, musizierst oder tanzt,
du vergisst dabei jede Beschwerde.
Du fühlst und du merkst, wer du bist, was du kannst,
und empfindest nicht Raum und nicht Zeit dieser Erde.

Dein Leben erstrahlt wie ein blühender Baum,
und es zählen nicht mehr deine Jahre,
erfüllst du dir selbst deinen eigenen Traum.
Es zählt nur das wunderbare

Gefühl vom erweiterten, glückhaften Sein,
indem du verwirklichst, was tief in dir schlief.
Lass dich nur ganz auf die Schaffenslust ein,
scheu nicht das Wagnis: Sei kreativ!

Zum Jahreswechsel

Träum' nicht zu viel von alten Zeiten,
die dich umgeben schemenhaft.
Du musst Erlebtes aufbereiten.
Nur so gewinnst du neue Kraft.

Auf Wolkenschiffen hinzuschweifen,
scheint mir am Ende nicht genug.
Wer sich entschließt, die Ruder zu ergreifen,
ein Ziel zu setzen Boot und Bug,

um neue Lebensufer anzusteuern,
dem wird als Lohn für seinen Mut
alsbald sich Herz und Geist erneuern,
wenn frei die Seele in sich selber ruht.

Ich wünsche dir, weil du Geburtstag hast …

Ich wünsche dir, weil du Geburtstag hast,
dass dich die Lust und die Freude erfasst,
teilzuhaben am Wunder des Lebens
und zu wissen als dankbarer Erdengast:
Keine Stunde war jemals vergebens.

Ich wünsche dir, dass unterm Wolkenzug
dich die Schatten nicht allzu schwer drücken,
dass du frei bist und mutig genug,
getrost in die Zukunft zu blicken.

Ich wünsche dir, dass du stets neugierig bleibst
auf alle sich öffnenden Wege und Ziele
und dass du dich dennoch nicht völlig zerreibst
in des Lebens gefährlichem Spiele.

Ich wünsche dir zwischen dem Kämpfen und Streiten
auch jene stillen und ruhigen Zeiten,
in denen du spürst, dass das Leben sich lohnt,
dass du im Lieben die Sterne berührst
und dass Gott, den du suchst, in dir wohnt.

BEKENNTNIS ZUM LEBEN IN UNSERER WELT

Ich wünsche dir Vertrauen

Ich wünsche dir Vertrauen,
du brauchst es, um vorwärtszuschauen,
um das Leben zu lieben mit Leidenschaft.
Im Vertrauen liegt das Geheimnis der Kraft.
Denn der, der dir sagt: „Die Welt ist schlecht",
hat leider in vielem so manches Mal Recht.
Wer es wagt und dir sagt, diese Welt sei gut,
der besitzt einen außergewöhnlichen Mut.
Und wer glaubt, diese Welt
wird einst besser werden,
der kennt sie nur nicht,
die Geschichte der Menschheit auf Erden.

Wer aber sagt: „Diese Welt ist die meine,
ich habe nur sie – oder keine,
es ist mir vergönnt, drin zu leben.
Ich will mitten hindurch –
und ich habe nicht vor, jemals aufzugeben!“,
der verjagt seine Ängste wie lästige Fliegen.
Er wird tätig sein, er wird fröhlich sein
und die schwarzen Gedanken besiegen.

Furcht und Ehrfurcht

„Was ist wohl schuld an der Zukunftsangst
und dem Mangel an Lebenssinn in unserer Zeit?“,
wurden die Alten gefragt.
Und sie gaben den jungen die Antwort:
„Die Menschen der Gegenwart
haben zu viel Furcht und zu wenig Ehrfurcht.
Sie wissen nicht, dass es nur einer Umkehrung
dieses Verhältnisses bedarf,
um ihr Leben lebenswerter zu machen.
Und dass diese Umkehr ganz in ihrer Hand liegt.“

Weltverständnis

Ich bin im Traum der heilen Welt begegnet
an einem gar nicht mal so fernen Ort.
Als ich erwachte, hat die Zeitung mir entgegnet:
Es gab schon wieder einen neuen Mord.
Doch dass den Liebenden das Leben schön erschien
und dass im Garten Fliederbüsche blühn,
nein, davon hörte ich kein Wort.

Ach, wenn euch doch nicht hier und dort
das Negative nur bewegte!
Wirkt nicht auch Gutes täglich in uns fort,
das stets das Schlechte widerlegte?
Werft es nicht leichthin über Bord!

Ich möchte dir mein Lächeln schenken

Ich will wie ein Baum sein, dir Schatten zu spenden,
bevor dich die Sonne der Fremde verbrennt.
Mit meinen eigenen Händen
hoch bis ans Firmament
will ich dir Türme der Hoffnung bauen
über den Dächern deiner verlorenen Stadt.
Heimat, das ist vielleicht auch das Vertrauen,
das einer zum anderen hat.

Ich möchte dir mein Lächeln schenken
für dein verlorenes Land.
Ich möchte den Dürstenden tränken
sanft aus der Höhle der Hand.
Will es dich immer und ewig nur kränken,
dieses zerrissene Band?
Kann es nicht Trost sein, zu denken,
Heimat ist Unterstand?

Ich möchte dir weit meine Arme ausbreiten.
Auch Zuflucht ist Heimat
und fast schon wie Glück.
Ich möchte, wenn's kalt ist,
den Tee dir bereiten
aus Großmutters Kanne, dem ältesten Stück.
Dann liest du mir vor aus den schlesischen Schwänken,
dann bin ich ganz Ohr und ich hol aus den Schränken
die uralten Fotos hervor.
Mit meinem Fühlen und Denken
will ich dich wieder zurück
zu den Wurzeln des Lebens lenken.
Dort liegt dein Glück.

Zum Todestag von Hermann Hesse

Des Trostes Quellen scheinen uns bisweilen zu versiegen,
und leicht gerät uns unser Lebens-Rhythmus aus der Spur
nach allem, was uns offen oder sanft verschwiegen
in manchen dunklen Stunden widerfuhr.

Wir sollten wieder einmal Hermann Hesse lesen,
um aus Bedrängnissen der Zeit heraus
zu finden ein uns tief verwandtes Wesen,
als wären wir in ihm wie bei uns selbst zu Haus.

Wir sollten wieder einmal Hermann Hesse lesen,
damit zum Trost uns gegenwärtig werde,
wonach wir suchen insgeheim im tiefsten Grund:
die Kraft der Weisheit, die auf dieser Erde
entgegen allen falschen Thesen
uns wieder Halt gibt und uns macht gesund.

Trost der Dichtung

Das Glück der späten Jahre,
wie ich es einst noch nicht gekannt,
das tiefe, wunderbare,
spricht jetzt oft leis zu mir
aus meiner Bücherwand.
Es ist der Trost der Dichtung
in mancher Dunkelheit.
Er weist mir wohl die Richtung
hinaus aus Raum und Zeit.

Mit einem Buch

Ich sende dir hiermit ein Buch
als stillen Hort
in einer lauten Welt.
Und nächstens, wenn ich dich besuch',
dann frag ich dich, wie dir's gefällt.

Das Büchlein, das noch nicht mal groß,
es öffnet, ruht's in deinem Schoß,
die kleine Kammer dir zur Welt
und tröstet dich und trägt und hält.

Punkt

Aus meiner Feder,
tief in die Tinte getunkt,
schenke ich dir einen Punkt.
Ich hoffe, du schätzt diesen Kringeling,
nur weil er klein ist, nicht zu gering.
Ich wollte dich
auf keinen Fall
damit verletzen.
Ich dachte mir,
du könntest ihn
ja hinter etwas setzen,
vielleicht auch ein Kapitel schließen,
in dem schon viel zu viele Tränen fließen.

An Mozart

In den Wirren unsrer Zeit
Steht der Friede nicht in Ehren.
Als Gebet für Menschlichkeit
lass uns, Mozart, deine Stimme hören!

Sanft entführt uns Flötenspiel,
jenes innig zarte, schöne,
aus der Traurigkeit Exil
in dein Sonnenreich der Töne.

Herrlich die Posaunenstöße,
gleichend eines Engels Schwert,
voll der Kraft, die alles Böse
aus dem Paradiese kehrt.

Freude schwingt im Klang der Lieder
von der märchenhaften Art
Papagenos im Gefieder
oder seines Weibchens zart.

Tröstlich klingt die Nachtmusik,
die uns mit der Dunkelheit versöhnte,
heitres Noten-Mosaik,
das durch dich für uns ertönte.

Deine Opern, deine Messen,
Tänze und Klaviersonaten
ließen uns die Welt vergessen,
wenn wir je dein Reich betraten.

Ewig währt die Melodie
jenseits von dem Gang der Zeiten.
Balsam bleibt uns dein Genie,
das des Menschen Traurigkeiten
heilt durch reine Harmonie.

Ich wünsche dir, dass du der Menschlichkeit immer verbunden bleibst

Ich wünsche dir, dass du der Menschlichkeit
immer verbunden bleibst,
nicht nur ein Fachmann bist
und eine Menge von Wissen dir einverleibst,
studierst, funktionierst,
gewinnst und verlierst,
keine Zeit hast,
wenn dich dein Mitmensch vermisst.
Ich wünsche dir, dass es dein Ziel nicht ist,
nur immer im Wohlstand zu wandern,
dass du fühlst, wie sehr du verantwortlich bist
auch als Helfender für die Nöte der andern.

Wiegenlied für die unheile Welt

Ich möchte der Welt ein Wiegenlied singen
wie einem kranken Kind,
um alle die Ängste zur Ruhe zu bringen,
die wie im Fieber in Aufruhr sind.

Dann möcht ich ganz leise den Finger legen
vor meinen geschlossenen Mund,
um sie zum Stillesein sanft zu bewegen.
Vielleicht wird sie wieder gesund.

Ich möchte, wenn ich sie weinen höre und klagen,
weil der Lärm für die Welt viel zu laut,
alle Störenfriede von ihr verjagen,
damit sie den Liebenden wieder vertraut.

Sie alleine vermögen die Welt zu bewahren
vor Unheil und schlimmem Gebaren der Macht,
damit sie von Krankheit – vielleicht erst nach Jahren –
geheilt in die Zukunft erwacht.

Bekenntnis zum Leben in unserer Welt

Du brauchst dich nicht zu schämen,
wenn dir in unsrer unheilvollen Welt,
an der sie alle Anstoß nehmen,
noch so viel Heilgebliebenes gefällt,

wenn du an ihr, die doch vom Bösen wie behext
und ihm verpflichtet scheint zu schrecklichem Tribut,
noch so viel Schönes jeden Tag entdeckst,
wenn du zu sagen wagst: Die Welt ist gut.

Du brauchst dich nicht zu schämen,
wenn du Gefühle offen zeigst.
Viel besser, du weinst Tränen,
als dass du eisern schweigst.

Du darfst es froh empfinden,
wenn du dich selbst und andre magst,
wenn du gewillt bist, dich zu binden,
und deinen Einsatz mutig wagst.

Lass es nur laut vernehmen,
wenn du die Jahre akzeptierst zum Schluss
und keinen Grund siehst, dich zu grämen,
nur weil man heute jung sein muss.

Du darfst es frei bekennen,
wenn dir das Leben mehr ist als verhasste Plag',
du darfst dich weise nennen,
wenn du von Dank erfüllt bist jeden Tag.

Du brauchst dich nicht zu schämen,
wenn du nicht klagst, du habest viel versäumt.
Du darfst dich glücklich wähnen:
Du hast gelebt, nicht nur geträumt.

Im Alter

Wie sahen unsre Träume aus
in jenen frühen Jahren?
Wir wollten immer hoch hinaus,
uns selbst und unsre Welt erfahren.

Oft fanden wir das Falsche toll
im Leichtsinn junger Leute,
wir hegten gegen manches Groll,
anstatt dass es uns freute.

Und später ging’s nur ums Erwerben
wovor sich keiner jemals scheute.
Der Krieg brach alles gleich in Scherben.
Und unser Traum von heute?
Bescheiden und doch anspruchsvoll:
In Frieden leben und in Frieden sterben.

Erntedank

Zeit der Nüsse und der Trauben,
Hagebutten-Rot am Strauch.
Aus den Schrebergartenlauben
riecht's nach Bohnen und nach Lauch.

Zeit des frohen Erntetanzes,
Bänderschmuck an Wagenrädern,
Zeit des silbergrauen Glanzes
überm Flaum der Distelfedern.

Zeit des Korns, der goldnen Garben,
Düfte füllen Luft und Raum.
Zeit der Sinne und der Farben
rings um unsern Zwetschgenbaum.

Zeit des Dankens in Gebeten
demutsvoll im Gotteshaus.
Und auf abgeräumten Beeten
sieht's nach Glück und Frieden aus.

Lichtgedanken

Siehst du dort den Lichterbogen
vor das Fensterkreuz gestellt,
weißt du: Du bist einbezogen
in die Sehnsucht einer Welt,

die des Friedens Lichtgedanken
ruhelos in sich bewegt,
während sich die Feinde zanken,
immer wieder Hoffnung hegt.

Engel des Friedens

Engel des Friedens,
so lang schon vermisst,
komm und sei nah uns
zum Heiligen Christ!
Blind ist die Welt ohne Liebe.
Engel des Friedens,
wir müssten verzagen,
gäbst du uns Mut nicht,
die Umkehr zu wagen.

Halte den Hass
und die Feindschaft im Zügel,
Engel des Friedens!
Im Schutz deiner Flügel
lass uns beschreiten
den Weg des Erbarmens
und sanfter Geduld.
In der Gewissheit deines Umarmens
liegt unsere Rettung:
das Ende des Streitens,
die Tilgung der Schuld.

Bitte an das neue Jahr

Schenke uns, du neues Jahr,
immer wieder
mit jedem neuen Tag
neue Impulse,
neue Farben in vielen Schattierungen,
Höhenflüge des Geistes,
Aufgeschlossenheit der Sinne,
Anregungen durch Gespräche,
Entdeckungen auf Reisen,
beglückende Begegnungen,
unvergeßlich Erlebnisse,
Auferstehung durch Erinnerungen,
Wunder und Offenbarungen
aus der Natur,
und all dies zusammen
als immer neue
Faszination des Lebens,
als Kraft zum Überleben!

Gedanken des Trostes

Wenn du in einer stillen Stunde
die Vergangenheit überdenkst,
so sind im Vergleich zur Gegenwart
mancherlei Veränderungen zu bemerken:
Fortschritte wurden gemacht,
Rückschritte zeichnen sich ab,
Menschenschicksale haben einen anderen Lauf
genommen.

Aber dies alles
sollte dich nicht zu sehr verwirren oder betrüben.
Die Welt hat sich nicht viel verändert.
Genau so wie einst sitzen noch immer die Amseln
in den Apfelbäumen und singen ihr Lied.

Welch ein Trost,
dass die gewaltsamsten Bewegungen der Welt,
die Kriege und Revolutionen,
am Ende überdauert werden
durch die sanfte Bewegung
eines Kornfelds, sich wiegend im Sommerwind.

Ich wünsche dir fürs neue Jahr …

Ich wünsche dir fürs neue Jahr
das große Glück in kleinen Dosen.
Das alte lässt sich ohnehin
nicht über Nacht verstoßen.

Was du in ihm begonnen hast
mit Mut und rechter Müh',
das bleibt dir auch noch Glück und Last
in neuer Szenerie.

Erwarte nicht vom ersten Tag
des neuen Jahres gleich zuviel!
Du weißt nicht, wie er's treiben mag,
es bleibt beim alten Spiel.

Ob gute Zeit, ob schlechte Zeit,
wie sie von Gott gegeben,
so nimm sie an und steh bereit
und mach daraus dein Leben!

IM NAMEN DER LIEBE

Vielleicht

Nicht weit von dir lebt eine alte Frau,
die Tag für Tag am Fenster steht
und wartet auf den Mann in Blau,
als wüsste sie nicht ganz genau,
dass er wie stets vorübergeht.

Er trägt die Post von Haus zu Haus,
doch nie an ihre Tür.
Die alte Frau lernt nichts daraus.
Sie schaut und schaut nur immer aus
voll innerster Begier.

Vielleicht wenn einer, der sie einst gekannt,
von ihrem Warten wüsste –
und sei's in noch so fernem Land – ,
er hätte ihr den Brief gesandt,
den sie so sehr vermisste.

Im Namen der Liebe

Jeder Augenblick,
in welchem
menschliche Schwierigkeiten und Schwächen,
Konflikte und Ängste
sich aufzulösen beginnen
in wiedergewonnene Harmonie,
vollzieht diese Wandlung
im Namen der Liebe.

Jeder Augenblick,
in welchem
bedrückendes Gefangensein
in ein Gefühl von Freiheit
sich umzukehren beginnt,
versprüht einen Funken des Lichts,
das die Freude am Dasein ausmacht,
im Namen der Liebe.

Grund zur Freude

Lieber Gott, die großen Werke
sind zwar meine Sache nicht,
dazu hast nur du die Stärke,
was du tust, fällt ins Gewicht.
Doch von kleinerem Gelingen
darf auch ich bisweilen singen.
Fragst du, was ich damit meinte?
Hab' ich's doch zustandgebracht,
dass ein Mensch, der gestern weinte,
heute endlich wieder lacht!

Ich wünsche dir ein feines Gehör

Ich wünsche dir ein feines Gehör
für die Natur und das Rauschen des Windes
rings um dich her,
für den Brunnen im Park,
wo die Wasser schäumen über die marmornen Stufen,
für die Not eines Bettlers,
sein murmelndes Rufen,

ein feines Gehör
auch für die innere Stimme,
die dir hilft im Kampf gegen die äußeren Dinge,
Gehör für den Rat eines Alten und Weisen,
damit deine Gedanken
nicht nur um dich selber kreisen.

Ich wünsche dir ein feines Gehör
für den Klang der Musik,
die im trüben November
dich trösten will,
und für die Botschaft der Amsel
im Frühlingsmonat April.

Lasst uns doch wieder lieben lernen

Lasst uns doch wieder lieben lernen!
Von jenen Fähigkeiten haben wir genug,
die uns nur allzu leicht entfernen
von unserm innersten Bezug.

Das Denken kann zwar Macht entfalten,
dem Fühlen bringt's jedoch Gefahr.
Es darf der Kopf nur mitgestalten,
was auch vom Herzen wahrnehmbar.

Lasst uns doch wieder lieben lernen,
damit sich unsre Wurzeln senken
als Halt in einen festen Grund.
Wir sollten lernen, umzudenken.
Die Abkehr von dem Nur-Modernen
macht uns vielleicht schon bald gesund.

Den Müttern

Lieber Gott, du hast die Mütter
deinen Engeln gleichgestellt,
lässt sie weben an dem Gitter,
das das Böse von uns hält.
Ihre Lieder, die sie leise
im Verborgnen dazu singen,
haben eine schöne Melodie.
Jedem auf die eigne Weise
lass sie tief in uns erklingen,
lieber Gott, und segne sie!

Gemeinsames Leben

Im Suchen und im Finden
sind unsren Zielen wir zu zweit
und im gemeinsamen Empfinden
gefolgt. So gab ich dir, so gabst du mir Geleit.

Du trugst mir die Laterne,
zu sichern unsern Pfad,
und holtest dennoch gerne
dir auch bei mir oft Rat.

Ich wehrte jedem Unkraut
vor unsrer Liebe Haus;
bevor es wuchern konnte,
zog ich's mit Eifer aus.

Und blieb der Mut mir ferne,
so hast du mich gestützt,
vertrauend jenem Sterne,
der Liebende beschützt.

Du ließest nie beirren
von meinen Zweifeln dich,
und aus der Ängste Wirren
kam Rettung dir durch mich.

Für so viel Licht und Wärme
und gnädiges Geschick,
solang ich lebe, lerne
zu danken ich für Glück.

Wichtige Investition

Wir glauben, das Glück
schon in den Scheunen zu haben,
wenn wir auf Nährboden stoßen
unter den brachgelegenen Feldern
unserer Gefühle.
Doch bis zum Fruchtbarwerden
gilt es, zu pflügen
und Unkraut zu jäten
und Samen zu legen –
immer wieder aufs Neue.
Was uns dann keimt, blüht
und Ernte einbringt:
alles erschuf nur die Liebe.

Ich wünsche dir Barmherzigkeit

Ich wünsche dir Barmherzigkeit
als menschliches Verhalten.
Du kannst dem Stolz, der Mächtigkeit
sie still entgegenhalten.

Sie fragt nicht nach dem Recht, nach Schuld,
will nicht belohnen und nicht strafen,
heilt nur die Wunden mit Geduld
und bringt die Leidenden zum Schlafen.

Viel mehr noch als Gerechtigkeit
bedarf der Mensch, um zu genesen,
ein Zeichen von Barmherzigkeit
aus seines Nächsten Blick zu lesen.

Ich wünsche dir Barmherzigkeit
mit jenen, die sich grämen,
um ihre Schuld und um ihr Leid
in deinen Schoß zu nehmen.

Blaue Stunde

Ich schenke dir im Abendschein
des Tages letzte Stunde,
wenn einer kehrt beim andern ein
und gibt ihm treulich Kunde,
was er den langen Tag gemacht,
was ihm geglückt ist, was misslungen.
Ganz leise bricht herein die Nacht –
und unsre schönste Stunde ist verklungen.

Glaubensbekenntnis

Ich glaube, dass Liebe Unmögliches schafft.
Ich glaube an ihre unendliche Kraft.
Ich glaube, solange die Erde besteht,
dass niemals ein Tag ohne Liebe vergeht.
Ich glaube, dass selbst noch die unheile Welt
bisweilen aus Liebe den Atem anhält.
Ich glaube, dass Liebe uns retten könnte,
wenn Einsamkeit droht und Gefahr.
Ich glaube, dass jeder nach Liebe sich sehnte,
spräche er ehrlich und wahr.
Ich glaube, dass Liebe ganz leise und sacht
schon mancherlei Wunder hat heimlich vollbracht.
Ich glaube, dass Liebe die Wege findet,
welche wir suchen in Not.
Ich glaube, dass Liebe die Wunden verbindet
und uns ernährt – mehr als Brot.
Ich glaube, dass Liebe noch glaubwürdig ist,
selbst wenn du lächelst und zweiflerisch bist.
Ich glaube, dass Gott alle Sünden vergibt,
wenn er nur weiß, du hast wirklich geliebt.

Bereitschaft

Wenn dir zuteil ward Glück und Gnade,
ein Strahl von Sonne auf dich fiel:
Für dich allein wär's viel zu schade,
gäbst du nicht andren Teil am Spiel.

Durch die Bereitschaft, abzugeben
an jene, die im Schatten gehn,
wächst dir hinein ins eigne Leben
ein neues, tiefes Gottverstehn.

Vom Glück des Schenkens

Schenkst du, so schenke mit viel Überlegung.
Lass es nicht bleiben beim äußeren Schein.
Verschwende dein Herz, warte nicht auf Entgegnung.
Dein Schenken sei liebendes Tätigsein.

Schenkst du, so schenke mit offenen Händen,
scheu nicht die Mühe und nicht den Verzicht.
Gelingt's dir, dem andern dich zuzuwenden,
gewinnt dein Geschenk an Gewicht.

Schenkst du, und fällt es dir schwer, dich zu lösen?
Von dem, was du gibst, kommt viel Gutes zurück:
Vermagst du in leuchtenden Augen zu lesen,
so spürst du, im Schenken liegt Glück.

Rückbezügliches Geschenk

Wir schenken uns eine Erinnerung.
Komm, lass uns nicht lange säumen.
Wir wandern durchs Land bis zur Dämmerung
und werden dann lange von diesem Tag träumen.

Ich wünsche dir Zeit

Ich wünsche dir nicht alle möglichen Gaben.
Ich wünsche dir nur, was die meisten nicht haben:
Ich wünsche dir Zeit, dich zu freun und zu lachen,
und wenn du sie nützt, kannst du etwas draus machen.

Ich wünsche dir Zeit für dein Tun und dein Denken,
nicht nur für dich selbst, sondern auch zum Verschenken.
Ich wünsche dir Zeit – nicht zum Hasten und Rennen,
sondern die Zeit zum Zufriedenseinkönnen.

Ich wünsche dir Zeit – nicht nur so zum Vertreiben.
Ich wünsche, sie möge dir übrig bleiben
als Zeit für das Staunen und Zeit für Vertraun,
anstatt nach der Zeit auf der Uhr nur zu schaun.

Ich wünsche dir Zeit, nach den Sternen zu greifen,
und Zeit, um zu wachsen, das heißt, um zu reifen.
Ich wünsche dir Zeit, neu zu hoffen, zu lieben.
Es hat keinen Sinn, diese Zeit zu verschieben.

Ich wünsche dir Zeit, zu dir selber zu finden,
jeden Tag, jede Stunde als Glück zu empfinden.
Ich wünsche dir Zeit, auch um Schuld zu vergeben.
Ich wünsche dir: Zeit zu haben zum Leben!

Einmal im Jahr

Wenn nur einmal im Jahr
für dich Weihnachten ist,
dann bist du fürwahr
noch kein rechter Christ.

Wenn du einmal im Jahr
deine Hand reichst und gibst,
dann heißt das noch nicht,
dass du wirklich liebst.

Und doch: Einmal im Jahr
ist vielleicht schon viel,
ist ein mutiger Schritt
auf dem Weg hin zum Ziel.

Was die Kerze spricht

Am Weihnachtstag die Kerze spricht:
Täuschet euch nicht,
wenn es ganz dunkel ist
und es ist stille,
dann ist mein Kerzenlicht
mehr als nur Weihnachtsidylle.

Dann will ich als stummes
und mahnendes Zeichen
euch mit der brennenden Frage erreichen,
ob ihr gleich mir, die ich nichts begehrt',
selber euch einmal für andre verzehrt
und euch ganz hingebt an meiner Stelle,
damit es bei Dunkelheit warm wird und helle.

Weihnachtsbrief im Jahr 2000

Liebes Christkind, es ist wahr:
Kaufen lässt sich jedes Jahr,
was man schenkt in Wohlstands-Landen.
Doch der Fortschritt macht zuschanden,
was uns einmal wichtig war.
Wird das Christfest noch verstanden?

Keiner weiß – der Schrank ist voll –,
was er sich noch wünschen soll.
Ich wünsch' mir nichts als einen Brief,
kommt er nur recht von Herzen
und zeigt Gefühle, rein und tief,
dann passt er zu den Kerzen.
Doch nicht per E-Mail, nicht per Fax
(das wär' kein Weihnachtsbrief
nach meinem Willen) :
Versiegelt fein mit reinem Wachs
die zarten Seidenfutter-Hüllen,
mit einem Extra-Zeit-Aufwand
für mich geschrieben mit der Hand,
und mitten in dem Lärm und Hasten
auch noch ein Extra-Gang
für mich zum Kasten,
so soll er sich für mich erfüllen,
mein Weihnachtswunsch, gehegt im Stillen.

Und liegt der Brief dann in der Heil'gen Nacht
wohl unterm Weihnachtsbaum-Geäst,
dann weiß ich: Einer hat an mich gedacht.
Das wird gewiss ein frohes Fest!

Zur Weihnachtszeit

Die alte Hoffnung tut sich wieder vor uns auf,
und wieder nehmen wir das Hasten und das Rennen,
wenn wir nur andren Freude machen können,
beim Liebesgaben-Reigen gern in Kauf.

Und wieder tauchen wir im großen Rummel unter
und klagen, alles sei doch nur Geschäft.
Doch guter Wille ist noch stets darunter.
Das schreiben Engel sich ins goldne Heft.

Am Ende spüren wir, was doch recht sonderbar:
Die Kräfte fehlen zwar und auch die Zeit –
und dennoch stehen wir wie jedes Jahr
zum Schluss vorm Lichterbaum im Festtagskleid
und singen diese schönen alten Lieder.
Ganz langsam brennt das Wachs im
Kerzenständer nieder –
und staunend nehmen wir
das Weihnachtswunder wahr.

Neujahrsspruch

Das neue Jahr fängt mit Verheißung an.
Du musst die Möglichkeiten nur ergreifen.
Es ist nicht wahr, dass man nichts ändern kann.
Nur wer die Aussaat wagt von Anfang an,
dem lässt sie Gott am Ende reifen.

WUNDER DER SCHÖPFUNG

Kleiner Stein

Geschenke liegen auf der Straße.
Man muss sie nur zu finden wissen.
In ihrem überreichen Maße
lässt uns die Schöpfung nichts vermissen.

Es mag vielleicht ein kleiner Stein,
nicht eingeengt von strengen Normen,
sein ungewöhnlich schönes Sein
verkörpern durch bizarre Formen.

Du nimmst ihn auf vom Wegesrand,
den kleinen Teil der Allnatur,
wiegst ihn bedächtig in der Hand –
fühlst dich beschenkt aus Feld und Flur.

Schneeglöckchen

Der Winter war
so, wie er sein muss:
kalt und streng.
Und von dem vielen Sterben und Begraben
ward mir zum Schluss
das Herz ganz eng.

Wie sollt ich da
nicht Zweifel haben,
ob jemals wieder aus dem Schnee
statt Flügel alter schwarzer Raben
sich neues Keimen hebt,
zu grünen anfängt, wieder lebt?

Doch wie beschämst du mich,
du kleines Pflänzchen mit dem großen Mut!
Ich danke dir. Und danke Gott für dich.
Du blühst für mich und machst in mir
so vieles wieder gut.

Ostersegen

Gott spricht sein „Es werde“
erneuernd zur Erde.
Er sagt es zu dir und zu mir.
Und was er den Feldern und Fluren gewährte,
die Auferstehung in blühender Zier,
das schickt er als Heilender aller Beschwerde
zu Ostern an jede sich öffnende Tür.

Freesien-Strauß

Es steigt der Duft aus zarten Blütenkelchen,
sich süß verströmend durch den ganzen Raum.
Ein helles Gelb entfaltet sich
aus grünen Knospenbällchen,
und lichtes Blau schmückt sich mit einem weißen Saum.
Es ist, als ob nur eines Meisters Hand
so fein gezeichnet dieses Bild erschaffen könnte.
Das Zarte, das noch stets das Grobe überwand
und durch geheimnisvolle Energie
die Gegensätze der Natur versöhnte,
macht diesen Strauß voll schöner Harmonie
selbst nach dem Welken noch
zum Unvergänglichen im Reich der Phantasie.

Zur Maienzeit

Zärtlich will die Welt umfassen
samt dem Vogel in der Luft,
der sich frei darf treiben lassen,
frischer, junger Maien-Duft.

Für die schönste aller Zeiten
bläst der Frühlingswind die Ouvertür',
greift der Harfe in die Saiten,
macht das Herz zum Haus der offnen Tür,

dass es frei sei für das Raunen,
das die Maien-Nacht erfüllt,
während sich das große Staunen
tief beglückt in Schweigen hüllt.

Und der Mensch, dem diese Stunden
längst im Traume vorgeschwebt,
hat das Warten überwunden,
hat den Winter überlebt,

bleibt gefangen von dem ewig jungen Maienbild
mit den gelbgetupften grünen Wiesen,
welches sanft ihn stimmt und mild,
lässt die Frühlings-Freude überfließen.

Kirschblüte

Komm, lass dir zeigen: Der Kirschbaum blüht
weiß überm schwarzen Geäst!
Zwischen Himmel und Erde ein Wunder geschieht,
das sich schöner nicht denken lässt.

Sieh nur nach draußen: Der Kirschbaum blüht!
Schwankend im Wind das schneeweiße Gerank,
welches zu dir durch das Fenster sieht,
auch wenn du drinnen liegst, traurig und krank.

Schau, wie im Garten der Kirschbaum blüht!
Und ein Vogel sitzt ganz obenauf.
Wart' nur, bald singt er sein Frühlingslied.
Freu dich, ach, freu dich darauf!

Wenn dir am Wege ein Kirschbaum blüht,
wo immer auf Erden es sei:
Was sich vor deinen Augen vollzieht,
ist Erschaffung der Welt – täglich neu.

Pfingstrose

Ein Hauch von Rot, so zart wie Puder aufgelegt
aufs Blütenhaupt, das sie in stolzer Neigung trägt,
als würde sie wie die, die vor ihr kamen,
nicht auch vom Wind hinweggefegt:
ein Märchenbild in grünem Rahmen.

Ganz eingehüllt in rote Seide,
darf sie als Königin im Garten stehn,
des Sommeranfangs Augenweide,
und wer sie sieht, so strahlend schön,
Verkörperung der Daseinsfreude,
dem wird sein Trübsinn schnell vergehn.

Sein Geist, weit weg vom Erdenleide,
nimmt teil am pfingstlichen Geschehn.

Vor der Sonnenwende

Noch macht der Sommertag
die Nussbaumblätter transparent
und lässt sie uns wie seidne Lampenschirme
zart erscheinen,
durch die das Licht der Sonne brennt
in feinen, goldnen Streifen.

Wer nimmt wohl unterm hellen Firmament
die noch ganz kleinen grünen Nüsse wahr,
die, in ihr Blätterbettchen eingeklemmt,
schon Paar um Paar
nach ihren Lebensrechten greifen?

Wir sind gebannt noch ganz
von unsres eignen Daseins Glanz und Licht.
Es eilt uns heute wirklich nicht,
in dieser unbeschwerten Sommerstunde,
die glückerfüllt, noch ohne Todeswunde,
schon in die Zukunft abzuschweifen,
in jene rasch verblühte Welt,
in der des Sommers goldner Staub
vom braunen Laub des frühen Herbstes fällt.

Huldigung an den Sommer

Ihr Tage des Sommers seid ohnegleichen!
Spannt eure Flügel wie Vögel im Licht
als jubelnde Boten im Sonnenzeichen,
lasst Lebenslust sprühen aus jedem Gesicht.

Verweht sind der Veilchen bescheidene Spuren.
Vom Mohnblumenfeuer erfasst glüht die Welt.
Im rötlichen Schimmer versinken die Fluren,
die Sonne bleibt Sieger als strahlender Held.

Und die Vögel so munter in ihrem Gesang,
und die Mädchen so fröhlich im Überschwang.
Auf dem Feld reift das Korn für das tägliche Brot.
Und der Mensch vergisst seinen eigenen Tod.

Die Lichter des Lebens beherrschen dein Reich,
o mächtiger Sommer, Bewegung und Ruhe zugleich.
Und keiner braucht nur von der Hoffnung zu leben.
Die Zeit ist befähigt, Erfüllung zu geben.

Und alles drängt vorwärts, und nichts fällt zurück,
und überall dieses leise Beben vor Glück.
Ihr Tage des Sommers seid ohnegleichen!
Die Freude am Dasein, ihr lasst sie erreichen!

Überwältigendes Geschenk

Allein um die Erde in ihrer Blüte zu sehen,
dieses unfassbare Frühlingswunder,
würde es sich schon zu leben lohnen.
Aber dann auch noch die Fülle
der Früchte des Herbstes
genießen zu dürfen,
ist ein so überwältigendes Geschenk,
dass man gar nicht genug
dafür danken kann.

Erster Schnee

In der Nacht hat es geschneit.
Weiches, weißes Schneegefieder
ließ sich auf den Dächern nieder.
Weiße Hüllen weit und breit.

Wunderbarer zarter Flaum,
weißer noch als weiße Tauben.
Pfahl und Zaun im Schmuck der Hauben.
Ringsumher kein kahler Baum.

Wiesen wurden weiße Flächen.
Und dem Bach ist's nicht erlaubt,
solche Stille zu durchbrechen.
Schnee verweht, der glitzernd staubt.

Nimm dies Bild in dich hinein,
Menschenherz, bleib unverdrossen,
füg dich in die Stille ein,
Gott hat dich nicht ausgeschlossen.

Geheimnis der Weihnacht

Wenn es das Weihnachtsgeheimnis nicht gäbe,
wie wäre sie arm, unsre nüchterne Welt!
Bei aller Geschäftigkeit spräche
am Ende nur immer das Geld.

Wenn es das Weihnachtsgeheimnis nicht gäbe,
wie bliebe sie leer, die verweigerte Hand!
Ohne Geben und Nehmen weilten wir träge
im steinernen Land.

Wenn es das Weihnachtsgeheimnis nicht gäbe,
Vertrauen zum Licht, das die Nacht uns erhellt
und uns leitet auf einsamstem Wege,
wie wäre es schlecht um uns Menschen bestellt!

Wenn es das Weihnachtsgeheimnis nicht gäbe,
wie es ein Kind uns voll Staunen beschreibt,
wie brächten wir es noch nach Jahren zuwege,
dass uns die Freude am Weihnachtsfest bleibt?

Weihnachtsglocken

Hoffnung und Freude
gegen den Kummer getauscht,
Erlösung vom Leide
für den, der jetzt lauscht
den Glockengesängen
voll brausender Macht,
den jubelnden Klängen
zur Mitte der Nacht,
der Botschaft des Friedens
für den, der sie hört,
zur Allmacht des Liebens,
zur Weihnacht bekehrt.

Vom Segen des Lichts

Ohne das Licht
müsste das Weizenkorn tief in der Erde verbleiben.
Ohne das Licht könnten die Dichter
die Lieder der Freude nicht schreiben.
Ohne das Licht würden die Tauben nicht fliegen,
könnte der Morgen nicht siegen
über den Schatten der Nacht.

Ohne das Licht könnte der Glanz sich nicht spiegeln
im Herbst auf der Frucht des Kastanienbaums,
könnte des Tages Erwachen nicht zügeln
die Macht des gespenstischen Traums.

Ohne das Licht könnte der schönste Brillant
niemals sein Feuer entfalten,
ohne das Licht wüsste ich nicht,
dass deine Augen die Farbe des Himmels enthalten.

Ohne das Licht könnte ich nicht
die Form und Gestalt einer Rose erkennen
in all ihrer Pracht.
Ohne das Licht wüsste ich nicht
die Städte, die Länder, die Meere zu nennen,
die mir die Erde zur Heimat gemacht.

Ohne das Licht
würde den Malern ihr Werk nicht gelingen,
wie es nur Helligkeit schafft,
hätten die Vögel die Lust nicht, zu singen,
fehlte der Schöpfung die treibende Kraft.

Ohne das Licht wären die Nebelschleier viel grauer.
Nur durch das Licht
trägt nicht des Menschen Gesicht ewige Trauer,
sondern bleibt heiter, gelassen.
Nur durch das Licht
lässt sich die Fülle des Lebens erfassen.

Lasst uns Freude empfinden

Lasst uns Freude empfinden
über jedes Geheimnis,
dem der moderne Forschungsdrang
und die Alleskönnerin Technik
noch nicht auf die Spur gekommen sind,
um die Herrlichkeit
von Gottes Schöpfungswerk
enträtseln,
beherrschen
und manipulieren zu können,
das heißt, um uns ärmer zu machen
durch zunehmende
Demontage des Zaubers
und der verborgenen Wunder.
Wie tröstlich, dass es sie noch gibt,
die großen Geheimnisse
des Lebens,
der Liebe,
des Todes,
der Sehnsüchte und Träume,
des Werdens
und des Vergehens!

Erbarmen für die Stadt

Wie haben sich die Zeiten doch geändert,
seit unsre liebe kleine Stadt
noch grün umrändert
und nicht von Autos war bis oben satt!

Wo sind die stillen alten Gassen
und wo die Brunnen, rein und klar?
Der Mensch in all den Menschenmassen
ist kaum noch auffindbar.

Wir alle sind zum Schluss die Armen.
Wie konnte so etwas geschehn?
Ach, schenkt der Stadt doch ein Erbarmen
und lasst noch Lebensräume stehn!

Gedächtnisübungen

Dass der Mensch zu schnell vergisst,
sollte er sich merken.
Seines Lebens kurze Frist
müsste ihn bestärken,

nicht nur, was an Ängsten reich,
was ihm *Schönes* widerfahren,
zur Erinnerung sogleich
im Gedächtnis zu bewahren.

Statt vergangner Tage *Last*
nimm in dein Register,
was als *Glück* dich einst erfasst:
Nimm das Windgeflüster

stiller Abende am Meer,
nimm das Wolkentreiben –
im Bewusstsein hinterher,
dass die Träume bleiben,

oder nimm das Tulpenblühen –
konntest es doch kaum erwarten.
Dem Gedächtnis lass entfliehen
nie das Bild vom Frühlingsgarten!

Dankbar darfst du dir bewahren
das Erinnern an Musik,
an den Freund nach vielen Jahren,
an den Frieden nach dem Krieg.

Halte fest auch in Gedanken,
was dir Liebe war!
Rundherum lass Blumen ranken,
vom Gedächtnis wahrnehmbar.

Lerne es auf jede Weise,
das Gedächtnis-Üben,
lächle vor dich hin ganz leise,
wenn dein Herz noch jung geblieben!

„Liebe pur“

gibt es nicht.
In das Himmlische
ist immer etwas hineingemischt
vom Irdischen,
in das Glückselige
etwas von Leid und Trauer,
in das Dauerhafte
etwas vom Abschied
und in das Ewige
etwas von der Vergänglichkeit
des Augenblicks.

Glaubens-Fragen

Ihr glaubt an Fortschritt und an Wahlversprechen,
ihr glaubt der Werbung jedes Wort,
ihr glaubt dem Börsenkurs
trotz aller Wirtschafts-Schwächen,
ihr glaubt, das Glück wohnt nur am fremden Ort,
ihr glaubt an das vorausgesagte schöne Wetter,
obwohl es regnet fort und fort,
glaubt, was die Morgen- und die Abendblätter
in ihren schrecklichen Geschichten
euch aus der ganzen Welt berichten,
und in der Kunst,
da glaubt ihr an den größten Schrott.
Warum nur, sagt mir,
glaubt ihr nicht an Gott?

Vermeintliche Sicherheit

Es ist nicht selbstverständlich,
dass der Vogel vor deinem Fenster singt.
Ein Flügelschlag nur –
und sein Lied ist verklungen.

Es ist nicht selbstverständlich,
dass die Sonne zu dir hereinscheint.
Schon im nächsten Augenblick
können sich Wolken davorschieben.

Es ist nicht selbstverständlich,
dass der Apfel heranreift.
Leicht kann die zarte Blüte erfrieren.

Und nicht selbstverständlich ist es,
dass deine Füße ihren Dienst tun,
dass du die Hand des anderen findest,
die nach der deinigen sucht,
und dass die Brücke hält,
die dich mit deinem Du verbindet.

Grund genug, dass du
im vermeintlich Selbstverständlichen
das Glück erkennst
und dein Herz dafür Dank empfindet.

DAS GLÜCK,
DIESE GOLDENE KUGEL...

Ich wünsche dir Glück und Segen

Ich wünsche dir Glück und Segen:
Es möge dir Gutes geschehn.
Du brauchst aber nun nicht deswegen
mit Eifer am Glücksrad zu drehn.

Was ich meine, kommt oft nur ganz leise
und vor allem von innen her.
Ein Glück ist doch beispielsweise
schon die Abwesenheit von Malheur.

Ich wünsche dir Glück und Segen.
Das muss nicht der Wohlstand sein.
Ein bisschen davon – meinetwegen,
doch bestimmt nicht nur Reichtum allein.

Ich wünsche dir Glück und Segen.
Es öffne dein Fenster sich weit:
Dann ist mit dem Windhauch zugegen
das Glück sich erfüllender Zeit.

Geschenk des Lebens

Was ich bin und was ich habe,
auch wenn meine Zeit enteilt,
alles, was bei mir verweilt,
zu betrachten ist's als Gabe:
Lebens-Trank, mir zugeteilt,
dass ich mich an ihm erlabe.

Was ich glaube zu besitzen,
angehäuft, verwahrt im Schrank,
mag vielleicht den Erben nützen.
Gott verschone sie mit Zank!
Aus ganz andrem Holz zu schnitzen
ist, wofür ich sage Dank:

Jede zärtliche Gebärde,
die mit Licht mein Dasein füllt,
Mühsal, Bürden und Beschwerde,
Glück und Sehnsucht, ungestillt
ein Geschenk ist's, das die Erde
Tag für Tag mir neu enthüllt.

Ich wünsche dir, was man nicht kaufen kann

Ich wünsche dir, was man nicht kaufen kann:
gute Laune vom frühesten Morgen an,
Verliebt-Sein und trotzdem nicht blind,
und wenn du heut segeln willst, richtigen Wind!

Ich wünsche dir, was man nicht kaufen kann:
eine gütige Frau, einen tüchtigen Mann
und ein munter gedeihendes Kind,
und wenn du sie brauchst, dass die Freunde auch dann
deine wirklichen Freunde sind!

Ich wünsche dir Sterne, die nur für dich kreisen,
eine kräftige Stimme, den Herrgott zu preisen.
Ich wünsche dir Licht, wenn es dunkelt um dich,
und dass du mich lieb behältst so wie ich dich!

Ich wünsche dir, dass dir das Essen schmeckt,
dass in jedem Tag auch eine Freude steckt.
Ich wünsche dir, dass du gut schlafen kannst
und dass du die Angst aus der Seele verbannst.

Ich wünsche dir Arbeit, die dich niemals verdrießt,
und dass dir Fortuna ihr Füllhorn ausgießt.
Ich wünsche dir Hände, das Glück festzuhalten,
doch musst du's erkennen und selber gestalten.

Ich wünsche dir Augen, die Sonne zu sehn,
und Ohren, des Windvogels Ruf zu verstehn.
Ich wünsche dir Füße, die flink sind, zum Laufen.
Ich wüsst' noch so vieles ...
Man kann es nicht kaufen.

Geliebtes Leben

In deine vorgegebnen Lebensdaten eingeschlossen,
von andren Daseinsformen nur zum Schein getrennt,
bleibst unaufhörlich du vom Lebensstrom umflossen,
der weder Halt noch Stillstand kennt.

Ein Jammer, wenn du es nicht weißt,
was Leben heißt, das volle, tiefe, wahre,
das in dir wohnt und um dich kreist,
das köstlich wunderbare.

Ob dir dein Leben gilt als Rausch, als Spiel,
das zu verlieren, zu gewinnen,
du kannst es weihen einem großen Ziel,
du darfst es täglich neu beginnen.

Dein Leben ist, was du draus machst:
ein weites Feld, um dich ans Werk zu wagen,
ein Traum, aus dem du jäh erwachst,
ein goldnes Buch, nur aufzuschlagen,

ein Quell der Freude, licht und schön,
ein voller Krug, sich satt zu trinken,
ein Lachen und Im Tanz-sich-Drehn,
solang die Lebensfeuer blinken,

ein Rennen nach dem großen Los,
ein Kampf um Kopf und Kragen –
ein Elend, unbeschreiblich groß,
bisweilen kaum noch zu ertragen.

Die schwere Kunst, von der wir umgetrieben
an jedem Tag, in mancher Nacht,
sie heißt doch nur: das Leben lieben,
bis wir es schließlich einst vollbracht.

Trost

Auch wenn du glaubst,
dass du mit deiner Erdenlast
nur ein bescheidnes armes Leben hast,
wird es dich doch
durch manches Glück bereichern
aus dieses Lebens übervollen Speichern.

Auch wenn du glaubst,
die Welt um dich sei eng und klein,
lass dich zu solchem Denken nie verleiten,
groß wird sie und gewaltig sein,
darf sie der Geist dir weiten.

Auch wenn du glaubst,
es sei für Kunst dir kein Talent gegeben,
zum Musikus und zum Poeten kein Geschick,
dann bleibt dir noch als wahrer Trost
die größte Kunst: die Kunst, zu leben.
Wer sie beherrscht, erringt das höchste Glück.

Besondere Kunst

Die dunklen Tage
sind zu nichts anderem nütze,
als dass wir die hellen durch sie
erst in ihrem Wert zu schätzen lernen.
Sobald wir in dieser Übung
ein wenig fortgeschritten sind,
können wahre Künstler aus uns werden,
denen die allerschönsten Schattenrisse gelingen,
nicht nur uns selbst, sondern auch anderen
zur Freude.

Aufgeben ist keine Lösung

Ich danke dir, Herr,
dass du mich durch die lange Nacht
wieder in den beginnenden Tag geführt hast.
Ich habe deine Stimme gehört:
Aufgeben ist keine Lösung.
Ich danke dir auch für die Krankheit.
Denn das Leid ist ein besserer Lehrmeister,
als das uneingeschränkte Wohlergehen
es jemals sein kann.
Ich weiß jetzt, wie schwer es ist,
zu leben ohne die Kraft.

Ich danke dir für stärkende Nahrung und Trank,
für heilende Medikamente,
für verantwortungsbewusste Ärzte
und für Zuwendung durch fürsorgliche Pflege.
Aufgeben ist keine Lösung.
Lass mich sammeln in Freude die Kraft.

Ich danke dir, dass ich geliebt werde
und selbst lieben darf
und es sich deshalb lohnt, weiterzuleben.
Ich danke dir, dass du mir
nur soviel aufbürdest, wie ich tragen kann,
und dass es Menschen gibt, die versuchen,
mir die Last zu erleichtern.
Voll von Willen bin ich und voller Geduld.
Lass mich sammeln in Freude die Kraft,
meine schwach gewordenen Füße
auf die Erde zu stellen,
meine verlorene Sicherheit wiederzugewinnen
und fest an die Zukunft zu glauben
in der Hoffnung auf das Geschenk
der Erneuerung der Freude
am Dasein.

Beim Blick ins Familien-Album

I

Kinder, war ich da noch jung!
Den Walzer hab ich noch im Ohr,
ich kam mir wie im Himmel vor.
Glück wohnt in Erinnerung.
Von dort schaut es uns lächelnd an,
will wiederkommen, weiß nicht, wann...

II

Ja, das weiß ich noch ganz genau:
Dort saß Onkel Hermann und hier seine Frau.
Die Blumen auf ihrem Kleid waren blau.
Ich saß mit am Tisch in der Gartenlaube
und war für die Großen die artige Kleine.
Ich aber hätte mich gern aus dem Staube
gemacht und mit Puppen gespielt, sie geherzt und gelacht. –
Das Glück ist nicht laut, sondern leise und sacht.
Und es lebt nicht vom äußeren Scheine.

III

Von Glück ist in all diesen Bildern zu lesen,
obwohl mir die Daten seit langem entflohn.
Ist Glück, das uns lacht, nicht auch Lohn?
Bin denn das alles ich selber gewesen?
Ein Junger und ein Älterer,
ein Fröhlicher, ein Trauriger,
ein König ohne Thron,
ein Mutiger, ein Zauderer –
und alles in einer Person ?
An diesem und an jenem Ort,
wohin es mich getrieben,
bin ich doch nirgends gleich geblieben,
und immer noch geht's stets so fort.
Vertraut und fremd, ich will es lieben,
mein Lebensglück: kein leeres Wort!

Das Glück, diese goldene Kugel ...

Das Glück, diese goldene Kugel,
irgendwo rollt sie immer auf unserem Weg,
versteckt sich im Haus neben dem wärmenden Ofen
oder glänzt zwischen dem leuchtenden Laub
im herbstlichen Garten.
Lachend spielen die Kinder mit ihr,
ohne sie noch zu erkennen.
Die Erwachsenen kämpfen und streiten
um ihren Besitz.
Und die Alten verwahren ihr Wissen um sie
in einem schwer zu entschlüsselnden Lächeln.

Ich wünsche dir schöne Erinnerungen

Ich wünsche dir schöne Erinnerungen,
die du hervorholen kannst,
wenn du sie brauchst.
Sie sind wie die schimmernden Perlen,
wenn du nur tief genug danach tauchst.

Sie sind wie die Wasserspiele
der Brunnen im träumenden Park.
Sie erreichen stets neu
ihre leuchtenden Ziele
und bleiben in dir lebendig und stark.

Sie verteilen sich über die Stufen
und geben sie niemals ganz frei.
Sie warten nur auf dein Rufen,
dann stürzen sie tröstend herbei.

Botschaft

Es liegt noch immer meine Hand
im Geiste in der deinen.
Von diesem Bild
wird eine Botschaft ausgesandt:
Es ist nicht gut, zuviel zu weinen!

Es gibt vielleicht noch manche Hände,
die niemals sich in einer andren fanden.
Mir aber galt die deine bis zum Ende.
Erst jetzt hab ich das große Glück verstanden.

Geheimnis des Lebens

Die tausend Gesichter des Lebens
sind offen dir zugeneigt.
Kommt für eines die Zeit des Entschwebens,
so hält sich ein andres bereit,
und keines davon kehrt je wieder,
und niemals bleibt eines dir treu.
Und doch blüht der duftende Flieder
stets wieder im kommenden Mai.

Und doch gibt der Sommer den Feldern
noch immer ein goldnes Gewand
und der Winter das Schneekleid den Wäldern.
So schlingt sich unmerklich ein Band
um die wechselnden Bilder des Reigens
und umgreift deine eigene Hand.
Selbst in der Stunde des Schweigens,
beim Anblick von Sternenlichtern,
bleibst du den tausend Gesichtern
des Lebens verwandt.

Tröstliche Überlegung

Versuchst du zum Schluss,
all die Jahre zusammenzufassen,
die die Liebe geprägt hat:
Warum ihnen gram sein,
weil sie dich alt werden lassen?

Verliert unsre menschliche Hoffnung an Stärke,
so geht doch ihr göttlicher Bruder, der Trost,
mit seinen mächtigen Kräften zu Werke:

Des Frühlings Stürme
vermögen dich nicht mehr zu schrecken;
die Farben des Sommers
von Jahr zu Jahr neu zu entdecken
war dir so oft schon vergönnt.
Ist es so schlimm,
dass die Leidenschaft nicht mehr so brennt?
Und bist du vielleicht
nicht mehr ganz so spontan –
zu vieles liegt lange schon hinter dir,
so wirft dich das Leben dafür
auch nicht mehr so schnell aus der Bahn.

Hört doch dein Ohr jetzt auf einmal ganz fein
bis tief ins Geheimnis der Dinge hinein,
und dein Auge durchdringt alles äußre Geschehn.
Damit wächst dein Gefühl für das Wesentlichsein:
Du kannst alles verstehn und vieles verzeihn.

Lebensabend

Die Alten sagen zu den Jungen:
Ihr seht uns nur aus eurer Welt.
Wir leben von Erinnerungen.
Ihr wundert euch,
was uns am Leben hält:

Ein warmer Trank,
Tee aus der Malvenblüte,
ein Gottseidank,
ein bisschen Menschengüte,
ein Vogel, der ans Fenster fliegt,
ein paar geschriebne Grüße,
ein Kopfweh, welches schon besiegt,
ein Schemel für die müden Füße,
ein Winken jener fremden Frau,
die unterm Fenster steht mit ihrem Kind,
ein Himmel, der nicht ständig grau,
und Augen, die nicht völlig blind.
Ihr glaubt, das sei nicht viel, was bleibt?
Ihr untertreibt!

Beim Blick zurück

Nun fragst du dich beim Blick zurück:
Wie viel davon war wirklich Glück?
Du wurdest ganz einfach mitgerissen,
gezogen, geschoben, gedrängt.
Du wolltest so viel gar nicht wissen,
hast dich auf einfache Fragen beschränkt.
Hast den Frühling erlebt unter blühenden Bäumen,
der Welt jeden Morgen dein Lachen geschenkt,
hast im Herbst noch einmal begonnen zu träumen
und im Winter den Stern an den Christbaum gehängt.
Deine Zeit war erfüllt, wenn auch manchmal mit Wunden,
hat dein Leben doch Sinn in der Liebe gefunden!

Lieder der Nachtigallen

Vieles ist mir entfallen,
was einmal wichtig war.
Lieder der Nachtigallen,
zärtlich und wunderbar,
Echo vom andren Gestirn,
wie aus geheimen,
verschlossenen Hallen
tönen noch immer
in meinem Gehirn,
hell und kristallen.

Zeit des Lebens – Zeit der Liebe

Von Anbeginn bis hin zum Tod
ist deine Zeit die Zeit zum Lieben:
So reich ist Gottes Angebot.
Er lässt dir Zeit, dich einzuüben.

Dein Glück vom Maß der Liebe abzulesen,
steht ganz bei dir allein.
Das Schicksal treibt mit dir sein Wesen,
doch liebend wirst du Sieger sein.

Was dir zum Schluss steht gutgeschrieben,
was dich aus deiner Schuld befreit:
War deine Zeit die Zeit zum Lieben,
dann bleibt sie Teil der Ewigkeit.

Zurück zu den Wurzeln des Glücks

In meiner Erinnerung finde ich die erste Erfahrung dieses sonderbaren Seelenzustands von stiller Freude, wunschloser Zufriedenheit, vertrauensvollem Geborgensein und nachdenklicher Übereinstimmung mit meiner eigenen Welt schon im Kleinkind-Alter, wenn ich abends vor dem Schlafengehen noch eine Weile auf dem Schemel vor dem Sessel zu Füßen meiner Großmutter sitzen durfte, um mit ihr das Abendlied zu singen, das mir so besonders gut gefiel: „Weißt du, wie viel Sternlein stehen ...".
Ungeachtet meines keineswegs erstklassigen musikalischen Gehörs trug mich die einfache, schöne Melodie himmelhoch zu den Tausenden von großen und kleinen Sternen. Und dass ich sie nicht zählen konnte, brauchte mir keinen Kummer zu machen. Es gab ja einen, der das für mich tat und dabei sogar noch gut aufpasste, „dass auch keines fehlte", einen Gütigen, ein göttliches Wesen, einen beschützenden Vater, auf den man sich verlassen konnte. Aus dem großen Staunen erwuchs das Gefühl von Sicherheit, von Geborgensein, von Glück. Und so empfing ich auch hinterher den Gutenacht-Kuss meiner Oma meist mit einem seligen Lächeln.
Vielleicht war dieses Kindheits-Erlebnis sogar der Grundstock für mein Gottvertrauen, für Zufriedenheit und Dankbarkeit in meinem späteren Leben.
Und wie ist es in heutiger Zeit um dieses Glück bestellt? Das große Staunen ist uns abhanden gekommen. Stattdessen haben wir uns zum Glauben an den Fortschritt verführen lassen, wonach der Mensch alles berechnen und dadurch auch beherrschen zu können glaubt.

Wenn ich heute von meinem Bett aus durchs Fenster in den Nachthimmel schaue, so weiß ich nicht, ob da noch „Sternlein stehen", oder ob es künstliche Satelliten sind, die mir und meiner Skepsis entgegenleuchten. Auch die Positionslichter der zahllosen Flugzeuge, die den Nachthimmel durchkreuzen, können nicht unbedingt alle Ängste, Zweifel und Unsicherheiten verscheuchen, die es im Kinderlied von einst noch nicht gegeben hat.
Eine alte Weisheit aber ist uns zum Trost erhalten geblieben: Wer das Glück zu erjagen sucht, wird es auch heute niemals erreichen. Auch lässt es sich nicht kaufen. Es ist immer ein Geschenk. Mit Äußerlichkeiten hat es wenig zu tun.
Es geht vielmehr um einen inneren Reichtum, der sich uns durch unser Aufgeschlossensein, unser Empfinden und Verhalten, ganz einfach durch unser menschliches Fühlen und Denken darbietet. Werden wir also in Zukunft vielleicht doch wieder zurückfinden zu den Wurzeln des Glücks?
Ich habe die Hoffnung: Solange unsere guten Wünsche zu den festlichen Anlässen des Jahres uns gegenseitig noch immer in der Form der Verknüpfung von „Glück und Segen" übermittelt werden, braucht es uns um das Glück unter den Menschen nicht bange zu sein. Zumal wenn wir uns in Zukunft vielleicht doch wieder an die etwas in Vergessenheit geratenen alten Werte erinnern. Wenn uns zum Beispiel die üppig sprießende Sommerwiese wieder unsere enge Verbundenheit mit der Natur zu vermitteln vermag oder wenn wir gar zu zweit und Arm in Arm glücklich über sie hinwegschreiten und dabei die Geborgenheit in der Liebe spüren.

Textquellen:

- Alles wandelt die Zeit, Don Bosco, 2002
- Danke für die Zeit zum Leben, Don Bosco, ^{2}2005
- Dein ist der Tag, Don Bosco, ^{4}2002
- Die Jahre wie die Wolken gehn, Don Bosco, ^{9}2003
- Die Liebe wird bleiben, Don Bosco, ^{3}2012
- Dir zugedacht, Don Bosco, ^{22}2014
- Ein Kästchen in Seidenpapier, Haag+Herchen,^{3}1988
- Erinnerst du dich?, Don Bosco, ^{2}1997
- Für leisere Stunden, Don Bosco, ^{4}1999
- Ich wünsche dir ein frohes Fest, Don Bosco, ^{6}2003
- Im Vertrauen zu dir, Don Bosco, ^{4}1999
- Jeder Tag ist Brückenschlag, Don Bosco, 1998
- Laß der Seele ihre Träume, Don Bosco, ^{2}2002
- Meine Wünsche begleiten dich, Don Bosco, ^{5}2008
- Sterne leuchten auf dem Weg, Don Bosco 1996
- Vom Glück des Schenkens, Don Bosco, ^{3}1997
- Von der Kostbarkeit der Zeit, Don Bosco, ^{4}2001
- Wie Blätter im Wind, Don Bosco ^{3}1994
- Unveröffentlichte Manuskripte

Weitere Titel von Elli Michler:

- *Ich wünsche dir Zeit*, Don Bosco, [9]2016
- *Dank*, Don Bosco, 2006
- *Hoffnung*, Don Bosco, 2006
- *Liebe*, Don Bosco, 2006
- *Vertrauen*, Don Bosco, 2006
- *Wandel*, Don Bosco, 2006
- *Ich träum' noch einmal vom Beginnen*, Don Bosco, 2006
- *Ich wünsche dir Zeit für ein glückliches Leben*, Don Bosco, 2011
- *Ich wünsche dir Zeit, zu dir selber zu finden*, topos / Don Bosco 2016

Elli Michler im Don Bosco Verlag

Zum 80. Geburtstag wurden in diesem Band die schönsten und beliebtesten Gedichte der Erfolgsautorin vereinigt. Es macht Mut zum Leben, auch da, wo es nicht immer ganz einfach ist.

117 Seiten, gebunden, Farbfotos
ISBN 978-3-8367-1409-5

Elli Michlers Wunschgedichte in einem Band. Ein ideales Geschenk für zahlreiche Anlässe, wie Krankenbesuch, Geburts- und Namenstag, Jubiläum, Weihnachten u.a.

53 Seiten, gebunden, Farbfotos
ISBN 978-3-8367-0625-0

www.ellimichler.de

Viele gegensätzliche Gedanken und Empfindungen durchschreiten Menschen, die trauern. Elli Michler bringt sie in bewegender Klarheit zur Sprache. Ein trostreiches Geschenkbuch.

60 Seiten, gebunden, Farbfotos
ISBN 978-3-8367-1481-1

Wer versucht, jede Stunde des Lebens bewusst wahrzunehmen und sie sinnvoll zu deuten und zu gestalten, der erkennt jene wunderbare Fülle an Zeit, die jedem geschenkt ist.

72 Seiten, gebunden, Farbfotos
ISBN 978-3-8367-1258-9

www.donboso-medien.de

Elli Michlers bewegtes Leben

Welche persönliche Motivation liegt den Gedichten der Erfolgsautorin Elli Michler zugrunde? Was hat sie besonders geprägt, was gab und gibt ihrem Leben Sinn? Aus welcher Quelle konnte sie die Lebenskraft schöpfen, die immer wieder aus ihren Gedichten hervorscheint und die auch schon vielen ihrer Leserinnen und Leser Kraft und Zuversicht schenkte? In ihrer Biografie schildert sie die ersten Begegnungen mit ihrem späteren Mann, Manfred Michler, und den Beginn ihrer Liebe im kriegszerstörten Würzburg. Eingestreut in ihre Erinnerungen sind einzelne ihrer Gedichte, die sie für alle Michler-Liebhaber in Beziehung setzt zu ihrer persönlichen Lebenserfahrung.

120 Seiten, gebunden mit Schutzumschlag, zahlreiche S/W- und Farbfotos
ISBN 978-3-8367-1605-1

www.ellimichler.de